# 家的樣子：

## 《Soupy 與 Struan 的 蘇格蘭冒險記》

作／繪者：Soupy Tang

這本書，獻給我的兒子 Struan.
謝謝你帶給我勇氣。

This book is dedicated to my son, Struan.
Thank you for giving me courage!

"Mummy's superhero."

我跟 Soupy 曾上過同一本雜誌，
當過某程度的鄰居，也知道她很久了。
最近因為工作關係終於相見，
算是一見如故。

但見到本人跟我想像的好不一樣，
本以為會是一位恬靜寡言的森林女子，
結果本人熱情且強而有力的有個性，
我非常喜歡。

這次這本作品很貼實 Soupy 本人，
文字溫暖又不失幽默，
再搭配細緻的插圖，真的是好好看的作品。

很想認識 Struan ♡

Cherng

# 推薦序

因為工作合作認識 Soupy，也經歷了 10 個年頭。
許多她的人生大事件也都點點滴滴參與到，
我時常佩服她工作時孜孜不倦的毅力，
還有她永遠有著一顆單純善良為人著想的好心腸。

這本書記錄許多他們親密的母子對話，讓人莞爾一笑，
人生不會一直只有風和日麗，偶爾也有下雨颱風，
Soupy 真實記錄著她與 Struan 的日常對話
跟自己的小心情，Struan 得道高僧般的童言童語，
穿插 Soupy 偶爾無奈（可能還小翻白眼）的表情，
讓我在閱讀時感覺不小心闖進一個小家，
分享到一些吉光片羽、閃著暈黃光芒的溫暖時刻。

搭配細緻、色彩飽滿的插畫，閱讀起來非常享受，
相信你一定會很喜歡：）

Leslie

前言

要結束一段婚姻，我花了好幾年才準備好，
我一直想，再努力一點是不是還有救？

差不多是在懷孕的時候，我發現婚姻出了狀況，
那時，我很害怕晚上一個人，容易胡思亂想，
只要想到未知的未來，就會整夜難以入睡。

婚姻還是走到了盡頭，這個我一直害怕的決定，
我真的可以走過低潮嗎？我能夠勝任單親嗎？
當一個主要的照顧者，
我能讓我的孩子 Struan 感受到完整的愛嗎？

我有很多問號。


＊


最後我還是簽字了。

某次陪「前婆婆」Sandra 散步的時候，
我下定決心要結束這段婚姻。

那時「前公公」Ned 剛離世，Sandra 有感而發地說，
「如果人生可以重來，她會有不一樣的選擇」。

雖然只是簡單的一句話，卻深深地打中我的心。

我才發現過去的我，總是一再擔心眼前的事，
反而忽略了更遙遠的風景（一幅畫的整體），
好似想通了什麼，我突然充滿勇氣，
覺得自己準備好，可以道別這段關係了。


*


離婚後，生活並沒有比較困難。

我全部心力都放在讓 Struan 過好的生活，
我們兩人一起過日子，培養了很好的默契，
我也突然多出很多時間好好照顧自己。

外出開車時，Struan 總讓我聽我喜歡的頻道跟音樂，
他會在後座安靜地玩玩具，大部分時間都在睡覺，
生活並沒太大改變，反倒是心態變得更輕鬆自在了。

走過低潮，生活反而更踏實。

結束讓我心煩的狀態，
我好似重新活了過來，有好多的事想做，
也為自己立下更多想要好好努力的目標，
人生的視野變得清楚也明確了。

小時候，或許我們都曾想過，
長大後最完美的樣子，是要有小孩、有一段美好的婚姻。

但是，真正經歷過，嘗試過，
我才發現家沒有一定的樣子、家沒有標準答案，
不是所有人都適合婚姻，
一個人也可以好好地過。

單親更不代表不完整。

我很感謝我的爸媽、前夫的家人，還有身邊的朋友們，
一起陪伴我，一起幫我帶 Struan，
雖然我是單親媽媽，我卻不孤單，
我也由此感受到更多不一樣的「家的樣子」。


P.S.
剛改變婚姻狀態時，我害怕加入家族聚會，
也不喜歡街坊鄰居關切，這些關心都讓我感受到
比離婚更大的壓力！

常常想著，我是不是可以找機會將離婚的消息
傳給鄰里的八卦中心，
大家就不會一直追問著小孩：「爸爸去哪裡了？」

還好，一年後，我們都習慣了，
Struan 也會大喊：「爸爸沒有住這啦！」

目錄

# PART. 1.
## 《家的現在進行式》

長大以後，我很害怕午睡，
常常在午覺起床後，有一種心空空的孤寂感，
即使當時旁邊有人陪伴，即使在自己的房間，
還是無法改變那樣的心情。

直到有了小孩的那一天，那個午睡後的空虛心情，
居然自動消失了。

有 Struan 的地方就是家，
不管在哪裡，互相陪伴，
每次看到他笑到嘴巴張好大，牙齒像小小的玉米粒，
我的心情就會好開心。

第一次當媽媽，

接受自己和愛都有很多種樣子。


Stryan 2歲半的時候跟我說：

「在天上的時候，我看到一個漂亮的女生，

擦了紅色的口紅，牽著一隻大狗，

我就想選她當我的媽媽，

然後，這個媽媽就是妳。

我感覺到妳好像很孤單，所以想快點下來陪妳。」

雖然，我覺得依他早熟的個性，

可能知道說這些會讓我開心，

但是聽到時，還是忍不住紅了眼眶緊緊抱住他，

你怎麼知道，懷孕的時候，

是我最孤單的日子？

# 珍惜每一段緣分

很多人不知道，其實剛懷孕時，
我已經察覺這段婚姻可能走不下去，
當時我的狀態很糟，每晚都睡不好，常常無故就掉淚，
也顧不了胎教。

決定生下寶寶的那天，我買了一隻很紅的口紅，
默默地告訴自己，雖然這個選擇很難，
但還是要靠自己堅強起來。

所以懷孕的那幾個月，
不論過程中發生什麼（不愉快的）事，
我都努力讓自己保持「完整」的狀態。

人生是一條漫長的路，
這條路上會有家人、朋友同行，
有的人還會有小孩陪伴。

不管相伴或長或短，緣分有深也有淺，
都是一種練習。

（要好好練習喔～）

我期許，自己能帶給身邊的人幸福、快樂，
而不是依賴別人帶給我什麼。

我希望，當孩子開始有自己的生活圈時，
我能適時地放手。

雖然，我知道這不容易呀！（笑）

## 最勇敢的決定？

2021 年底我做了一個很不容易的決定，
簽了字，結束了一段婚姻，
這個決定好難，應該是我人生中碰過最大的事。

那時候 Struan 才 3 歲，我很擔心自己無法給他一個完整家庭，
害怕會有什麼不好的影響，不過朋友跟我說：
「妳只要給他穩定、充足的愛，其他事就順其自然吧。」

不知道為什麼，在簽完字的隔天，
我感覺像是鬆了一口氣，所有一切好像變得簡單了，
混沌的未來感覺也目標明確了起來。

我決定，從那天起，要比過去的我更勇敢、更堅強，
更要懂得如何好好地學會「放鬆」。

記得那是空氣微涼的 12 月天，
好朋友們紛紛來約我出門，說要帶我跟 Struan 到處旅行。

很感謝。

我身旁的家人、朋友，還有捏陶班的同學們，
為我舉辦了一場戶外郊遊，
計畫了我很想要實現的「長輩行程」──
拿紅布條拍照、在遊覽車上唱 KTV，
吃王子麵和滿天星之類的復古零食。

某天，當我忙完工作，很疲倦時，
朋友傳來一封訊息，要我適時地給自己放個假，
需要的話，可以把小孩託給她們照顧。

我發現，其實我一點都不孤單啊。

## 在你面前可以不用假裝

以往，我習慣在小孩面前偽裝自己很開心，
但這樣的「假裝」讓我越來越不快樂，
Struan 雖然還很小，性格卻很成熟，
他好像都能感覺得到媽媽的不開心。

我一直是家中唯一會開車的人，
之前偶爾會抱怨，希望大家不要在車上睡覺，
可以陪我聊聊天，幫我提神一下。

有天我跟 Struan 在外面玩到晚上，
想到愛睡覺的他，
在回程暗暗的高速公路上能好好地睡一覺，
到家後，我再抱他到床上，
就感覺很窩心。

安靜了一整路，心想 Struan 應該睡得很香甜吧，
沒想到下高速公路時，他突然說：
「媽媽，我可以睡了嗎？我真的好累喔。」
當下，愧疚和感動的心情同時湧現，
連大人都忍不住的睡意，
2 歲多的他居然貼心地把我說過的話默默記在心裡。

那天起，我試著慢慢將自己的心情像聊天一樣告訴他，
有時，他去外公、外婆家待了一天，
回家時我會把當天的工作內容講給他聽、畫也拿給他看，
也不管他是不是全都聽得懂，
我把他當作最好的朋友。

Struan 畫了一張恐龍媽媽跟恐龍小孩，
旁邊還有我最喜歡的植物盆栽。

# 媽媽有時候也會哭

某次，因為工作上的挑戰讓我喘不過氣來，
壓力如山大，感到很挫折，
我忍不住在 Struan 面前哭了出來……

他只是靜靜地在一旁陪著我，
然後說：「可以幫我拿一張面紙嗎？我鼻涕快流出來了。」
但他一接過衛生紙，就直接用來幫我擦眼淚……

有時候，我感覺是他在照顧我呀。

離婚後，有很多碰到婚姻問題的朋友來找我傾訴，
大部分的人都很擔心小孩的心情，
害怕單親家庭會不太好。

但我認為婚姻的結束，
並不代表小孩跟父母之間的關係改變，
在孩子的心中，
爸爸、媽媽的角色是永遠也不會變的。

不過呢，還是要常常提醒自己，
要先打從心底開心起來，
才能帶給小孩快樂。

他們都懂。真的！

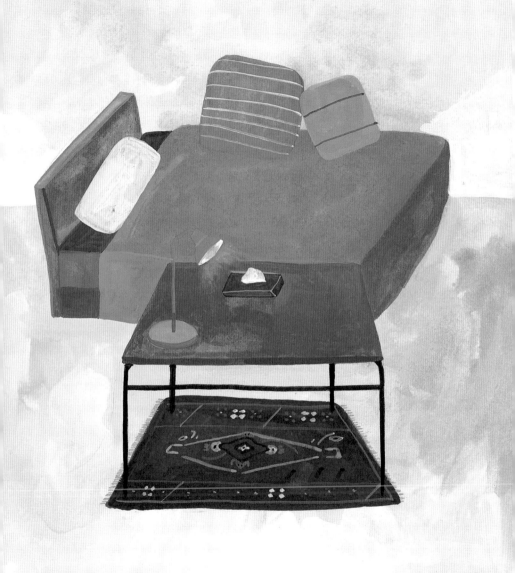

像一座山
或是像一隻蝴蝶

疫情後，我帶 Struan
飛去蘇格蘭找他的 Grandma、我的前婆婆，
從她口中我聽說「前夫」的近況，
當下突然感覺好沮喪，
低落到有好幾天都不想說話。

在英國不像台灣，身旁有很多的親友陪伴，
我好像被困在一個內心的黑洞裡，
最擔心的是，
Struan 會不會因為也知道了這些事而受傷？

我打起精神告訴他：「我想和你說一個故事。」
我拿了一張紙，畫了一座山，
「你知道你有像一座山那麼多的人愛你嗎？」

我們一起把這座山畫滿，
細數了家人、朋友們，畫了一張張很可愛，卻不太像本人的臉。

我說：「你的爸爸很愛你，但是他的愛有時會飛來飛去，
但是你不要擔心，因為你有像是一棵樹的媽媽，
還有一整座山的朋友，我們都在這裡。」

「有時候，你會覺得只有媽媽
照顧你而感到孤單嗎？」

Struan 想了一分鐘，
突然說：「不會！
因為妳常常帶我去探險。」

# 妳要快樂，小孩才會快樂

Struan 3 歲時進了台灣的幼兒園讀小班，
剛上學的時候，突然出現有很多異常的行為，
一開始，老師說他喜歡碰同學，到後來還會打人，
但老師口中的那個小孩，好像不是我認識的 Struan……

那一陣子，除了害怕接到老師的電話，
我也看到了 Struan 的另一面──
他不是一個愛哭鬧的小孩，
但是每天上學前，
他會一個人坐在陽台的椅子上，看起來很憂傷。

我試著問：「為什麼會動手打同學？」
他一再搖著頭回說：「不知道。」

然後我試著用說故事的方式引導他：
「其實你是一個特別聰明的小孩，我是媽媽也是你的隊長，
總部派你去幼兒園當臥底，所以你要負責照顧同學，
還要好好觀察幼兒園裡開心的事。」

有一天，我買了蜘蛛人的手錶，放進信封
袋裡給他，然後跟他說：「今天總
　　　　　部寄了包裹給你，

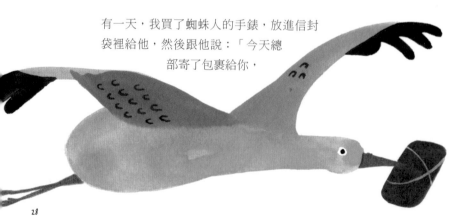

他們說有新任務，
你要不要打開來看看？」

他很開心，帶著手錶去上學，
但是一樣的狀況還是重複發生……。

那次，他把同學的手帕沖進了馬桶，
園長跟我約了時間面談，
老師甚至提出：「是不是該帶 Struan 去看醫生？」
聽到這些，我整個人開始手足無措，不知該怎麼辦才好。


\*


朋友介紹我一位兒童心理醫生，
我們先通了電話，
對方聽完我描述之後，叫我先別太擔心，
並和我約好時間，要我帶著 Struan 一起去找他。

看診當天，外婆陪著我們一起過去，
醫生要我先單獨進去，除了問 Struan 的生活狀況，
也問我在經濟上、生活中，會不會覺得很辛苦？

輪到 Struan 進去時，醫生先拿了一大盒貼紙，要他選兩張，
Struan 卻轉過頭跟我說：「媽媽，那妳選妳喜歡的兩張吧。」
醫生就對他說：「你真的好照顧媽媽呀。」

醫生跟 Struan 簡單閒聊了一會兒後，就要他先去找外婆，
然後轉頭對我說：「妳快樂，他就會快樂。」

醫生推斷，Struan 應該是有「父職化」的傾向，
他很想要好好照顧我，
但上學那段時間，我們兩人是分開的，
他可能因為過度擔心，才會出現「特殊」的行為舉止。

聊完走出診間，我突然感到好內疚，
眼淚一直不停地掉，止也止不住，
另一方面又很感謝生命中出現這個孩子——
這麼愛我和關心我的 Struan。

後來，我學著每天都跟 Struan 分享，
一日的生活大小點滴，還有工作狀況，
讓他知道即便他出門上學了，媽媽還是會好好的。

不久後，他的狀況改善了，也在學校交了很多朋友。


P. S.
從診間出來時，我對 Struan 有著滿滿的感謝與內疚，
當我不停地擦拭眼淚，聽到後方有人問 Struan 說：
「她是你媽媽嗎？你不覺得她很漂亮嗎？」

Struan 回：「妳是說她有化妝的時候嗎？」

我：「…………」（情緒真是百轉千迴啊）

第一次當媽媽，第二次當小孩

當媽媽是人生目前碰到最難的一個角色，
不是努力多少，就會有多少收穫。
各種未知，各種選擇，
也在陪Stryan成長的過程，回味一次我的童年時光，
小時候沒有玩夠，藉著帶他出去玩的時候，
又再過了一次當小孩的癮！

# PART. 2.
# 《到蘇格蘭的生活，
#            我的另一個「家」》

計畫好一陣子了，
因為希望 Struan 能實際體驗英國幼兒園（Nursery）的
開放式教育，在那學英文、和他在那的家人們相處，
終於，我在 2022 年底帶著他去蘇格蘭讀書、生活。

謝謝「前婆婆」Sandra 讓我們住在她家，
更感謝住附近的「前哥哥」Craig、「前嫂子」Nancy
一家人照顧我們。

也是到了那之後，
我才發現 Sandra 的「失智」症狀比想像中來得嚴重，
但一起相處的日子裡，
還是能感受到她將我當成最親愛的家人、朋友，
Sandra 説：「我希望妳能找到幸福，這裡永遠都是妳的家。」

Soupy

Sandra

Struan

Crack

前渡渡 渡渡的狗
女女

Nancy & Craig

Faith

Dara

Struan 的
堂姐

Struan 的
堂哥

前 sister-in-law
&
Struan 的 auntie

前 brother-in-law
&
Struan 的 uncle

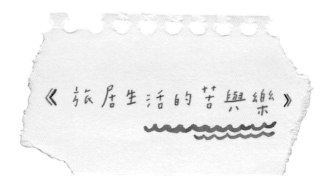

《旅居生活的苦與樂》

CAPTAIN KANGAL

開始我們的英國行

Struan 4 歲半。

啟程，班機要起飛了。

回想在出發前的幾個月，每天忙到天昏地暗，
直到搭機前一晚，還在家拍攝商品照，
想到即將要去蘇格蘭好幾個月，不免煩惱有好多事還沒做完，
除了工作，最擔心的還是 Struan 是否能適應新生活？

還有，我又要以什麼樣的身分繼續住在前婆婆家呢？

Struan 在飛機上表現良好，就像一個小大人，
吃飯、睡覺、看電影，
還拿到土耳其航空送給小朋友的禮物——
一個狗狗機師娃娃，裝在有機棉的束口袋裡，可愛又精緻，
但 Struan 卻覺得好恐怖，
不停唸著：「它為什麼嘴巴要笑得這麼開啊？」

# 到 Glasgow 透透氣

「前公公」Ned 過世後，Sandra 失智的症狀日益惡化。

到蘇格蘭過了一週，我發現她很害怕一個人獨處，
更擔心我和 Struan 會突然消失。

以往，從不讓狗狗上床的她，
現在反而沒狗狗在床上陪她睡覺，就會一夜無法入眠。

因此只要她發現我們準備出門，
就會跑來問我是不是要飛回台灣，
對這樣密集的「關切」，心中理解，
但一時間還是有些無法適應……

趁著 Struan 還沒開學，
我決定帶著他去 Glasgow（格拉斯哥）走走，順便透透氣。

從 Sandra 家到 Glasgow 大約 3 小時，
一坐上公車，原本緊繃的心突然放鬆了。
Glasgow 是座別具特色的城市，
也是我在愛丁堡讀書時很喜歡去的地方。

抵達 Glasgow 火車站後，一如往常是陰雨天，
我們穿著厚重的冬衣，拖著行李走在不平整的石頭路上，
準備前往旅館，雖然只有短短 10 分鐘的路程，
但我們的頭髮都淋濕了，
我不停地轉頭注意 Struan 有沒有跟上，
口中邊說：「就快到了！」

Check-in 之後，我們出門逛街覓食，
發現 Glasgow 變了好多，好多店因為撐不住疫情關了，
雖然正值聖誕節後的折扣季，店裡的客人卻不多。

逛內衣店時，看見門口警衛抓到 4、5 個偷內衣的年輕女生，
Struan 居然小聲地跟我說：「為什麼要偷內衣？還不如搶銀行。」

欸！媽媽我被這番言論給嚇壞了！

他解釋，因為錢可以用來買東西吃。（內衣能幹嘛？）

邏輯上說得通，仔細想想卻很不對勁！
（可是媽媽有點累，懶得說教，漫不經心地想著之後再說……）

一路我們逛到晚上 7 點，
回旅館前，先到超市買蔬果，
再去「Five Guys 快餐店」外帶了漢堡餐。

這是我第一次吃 Five Guys，
很喜歡他們的草莓奶昔，
不過 Struan 卻喜歡店家送的乾花生（？）

花生 from FIVE GUYS

旅行的第二天，我們去了好多個博物館，
看了各種大型生物標本，也看了古埃及的木乃伊。
天氣很冷，雨下不停，但是我們的心情都很好、很輕鬆，
晚上我還特地找了間中式麻辣火鍋店，
跟 Struan 說：「我們來慶祝聖誕節吧！」

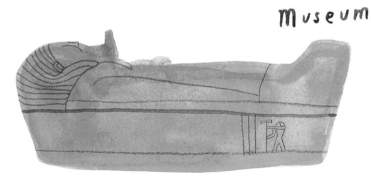

# KELVINGROVE ART Gallery & Museum

# My car !!

一 拿到車的那天，我跟 Struan 說：

「我們從今天開始，每天都要出去玩！」

# 買車驚魂任務

等 Struan 的學校確認後，我就陷入找車的日子，
學校距離 Sandra 家，開車大概 10 分鐘，走路卻要 40 分鐘，
不買車真的不行，除了可以載 Struan 上下學，
我也想趁這幾個月，四處走走，好好體驗蘇格蘭的生活。

在蘇格蘭大部分人都開手排車，
要找自排車很不容易，Craig 帶我去看了好幾家二手車行，
發現手、自排車的比例大概是 50：1，

最後，我在網路上找到一台自售的小 MINI Cooper，
馬上聯絡賣家，隔天就帶 Struan 殺去愛丁堡看車。

深知自排車難找，我立刻出價，賣家也帶我上路試車，
但我從沒開過右駕車，除了害怕轉彎時會轉錯邊，
更擔心不熟開法可能危及 Struan……
還有車主的「人身安全」……

隨意兜了一圈，把車停好，賣家說等拍賣結標時會通知我結果。
就像經歷一場重大考試，我整個人身心俱疲，
趕緊拉著 Struan 直奔臨時訂的旅館，想好好休息一晚。

旅館沒接待人員，一切採自助，
但老闆卻忘了給我房間門禁的密碼……

當天是週日，我試著傳訊息、打了 10 幾通電話，
試了好久才連絡到人，好不容易進了房間，
又驚覺忘了帶手機充電頭，
很擔心手機沒電漏接賣家的通知。

那時已是晚上 7 點，我和 Struan 又餓又累。（絕望的媽媽）

最後我在超市買了晚餐，
也找到連店員都很驚訝「這裡怎麼有賣」的充電頭。

回到旅館將食物放進口中的那一刻，
覺得人生經驗值在這一天突飛猛進。

簡單在超市買了晚餐.

太辛苦的一天了!!!

隔天，回到 Sandra 家，我就收到車子得標的訊息。

Craig 開始遠端教學，告訴我怎麼先付道路稅？怎麼買保險？
還教我幾個重要的當地交通規則。

第二天，我要再度坐車前往愛丁堡，
一個人開 60 幾公里的路回來。

辦完交車手續，
我花了一陣子適應這台車，
發現在右駕車的一切都是反方向的，
還有這裡的紅燈秒數超快，大約 3 ～ 5 秒吧，
一點喘息的時間都沒有！

似乎都上手之後，
我有點開心，默默地開上回程的高速公路，
然後……在某個 moment，我發現車子快快沒油了……
到底還有多少考驗？！！！

（幾近崩潰的媽媽）

趕緊開下交流道，這什麼荒郊野外，
我按下車窗，大聲問隔壁車的司機哪邊有加油站，
好不容易抵達了，又發現加油站內沒服務人員，
幸好一旁有位正在加油的老奶奶，她很有耐心，
教會我怎麼自助加油，跟我說可以到一旁的商店付錢。

這場景很公路電影感，
可是我獨自一人，還是有點慌，
腦中反覆想著很多驚悚片的場景，
被害人都會衝進商店求救……
然後……

隨著我的胡思亂想，駕駛的壓力好像也減輕不少，
就這樣我一路順利地開回 Sandra 家了，
她和 Struan 一起站在門口迎接，
鼓掌歡迎我的歸來。

# 原來沒有想像簡單

有車之後，我在蘇格蘭的生活算是有了大躍進，
本來搭公車要 1 小時的地方，現在開車只要 20 分鐘就到了。

每天載 Struan 上學後，
我就會想下午 3 點放學後能帶他去哪裡走走？

我們很常光顧一座「有機農場」，
會在那喝下午茶，逛裡面的小舖，
在那有最新鮮的帶土蔬果、包裝精美的有機食材，
我還會帶空罐去那買洗衣精。

有機農場的蔬果
- Pillars of Hercules -

逛完後，我們會到附近冷到
令人發抖的公園玩一下，
或是一起去森林裡散散步，
非常愜意。

有機農場旁的森林，
裡面有小湖跟松鼠！

當我對開車這件事沒那麼害怕時，
有天我載 Struan 去學校，獨自回家的路上，
一路被警察跟車跟了 3 公里，最後還鳴警笛要我下車。

一下車，兩位警察立刻質問我知道犯了什麼錯嗎？
一頭霧水的我，傻傻地回說是不是我超速了？

結果，他們開始一一細數我一路上犯了多少失誤，
最大的問題是有條路已經封閉，我還硬闖進去。

天啊！我只好跟警察解釋自己是新手駕駛，
對當地的道路規則很不熟悉，然後頻頻向他們道歉。

沒想到警察竟然沒開我罰單，
還利用我車頂上積的雪畫起地圖來，
教導我交通規則（？）……
感謝他們……機會教育……讓我學了很多在地駕駛的學問……


\*

這裡的駕駛開車習慣彼此禮讓，
不太有超車或插隊的情況發生，
加上這邊的車不會貼防窺膜，車窗很透明，
因此可以清楚看見被禮讓車駛過時，
向你揮手致意的逗趣表情，真的很可愛。

像是有一次我接連讓了 3 台車，
迎面開過的卡車司機還跟我比了個讚！

# 跳蚤市場與舊市集

一直以來都很喜歡看古董，
記得以前在愛丁堡唸書時，
週末都會起個大早，
和朋友一起去逛停車場的「car boots sale」市集。

Ned 跟 Sandra 也喜歡到處逛跳蚤市場，
Ned 還在世時，我們還會討論彼此的收藏，
他會跟我分享很多關於古董的知識。

（I miss him）

*

旅居蘇格蘭的這段時間，
因為有車，我四處尋找古董店和二手市集，
幾個月下來，造訪的次數頻繁到連店家都認識我們了。

蘇格蘭地大人少，加上住的地方很偏僻，
常常整個市集只有我一個亞洲人，
蘇格蘭人天性熱情，很喜歡和我談天說地，
聊台灣的事，還會很阿莎力給我折扣，
但 Struan 才是最大的受惠者，
他經常拿到免費的玩具和古董模型車。

我最中意的假日市集是 Craig 介紹的，
距離我住的地方車程 1 小時左右。

初次造訪那時，我才剛拿到車，
Sandra 和 Craig 為了讓我好好放個假，
就幫我帶 Struan 去古堡玩，
我則獨自一人開車到這偏遠的地方。

抵達市集，看到占地廣大的場地，
有著連綿不絕的的攤位和店家，感到非常震驚。
更驚喜的是，旁邊還緊連著一座開放式牧場，
裡頭有很多羊和牛，
當下我心想，還好我買了車！

市集分成好幾個區域，
有專賣小孩的玩具區，或是販售古董餐具的攤位，
其中還有賣各式各樣小物、雜物的貨櫃。

我很喜歡其中一間店的女老闆
她身上散發著電影《遊牧人生》（*Nomadland*）女主角的
那種嬉皮氣息。
在那我買到了英國女王的骨瓷杯、古老的木頭刷子，
還有金屬把手的木頭畚箕……
我不禁想，古早的人有多麼優雅、
多麼講究地使用這些日常用具呢？

這間貨櫃屋的最深處，還有滿滿的古董扣子。

我不停穿梭在各個店家之間，看得眼花繚亂，
先在玩具區買到找了很久的《星際大戰》機器人，
最後停在一間由一位老奶奶和孫女共同經營的古董餐具店，
賣有各式各樣的餐具和古著，物件狀況都很好，
奶奶的記性很好，能說出每一件古董的準確年代。

孫女年紀和我差不多大，她說奶奶才剛從醫院出來，
雖然身體狀況多，但仍堅持每週要到這開店。
孫女還提醒我下次要早點來，
她說有店面的老闆，會先在戶外攤位採購一輪，
把貨帶回店內，再以貴 3 倍的價格賣出（？？？）

初次見面她就教我很多實用的採買 Tips，
自此我就成為她們店的忠實顧客。

那天起，我幾乎每週日就往這個市集跑，
冬天天亮得晚，
我便載著 Sandra 和 Struan 摸黑開車去，
結果還意外發掘附近好玩的景點——
一座我們也會固定報到的「有機農場」，
那裡有新鮮的蘋果汁和各式各樣的自然酒。

在那還有一間深得 Sandra 的心，
能讓收藏家寄售古董的大型室內賣場，
因為實在太滿意了，回到家，
她竟然不停打電話跟親友宣傳，
說她在蘇格蘭住了一輩子
竟沒去過這麼厲害的地方！
於是，逛市集找古董就成為我在蘇格蘭生活中的一大樂趣，
回想我第一次開長程，就為了找週日市集的那種熱血，
心中就湧現一股滿滿的激動！

至於我的「介紹人」旁觀者清的 Craig，
見我如此沉迷，就開我玩笑說：
「妳要不要開團帶台灣人來蘇格蘭逛古董市集好了？！」

# 世界上最愛我的狗

住 Sandra 家時，
每天早上我都被狗狗 Cracker 用爪子刮門的聲音給吵醒，
牠大概會試個 3 次，從牠又急又猛的力道中，
我知道牠真的很想衝進來，
等我開門後，Cracker 會先吃床頭櫃上我用過的衛生紙，
接著開始尾隨我去家中的各個角落，
如果我不拍拍牠、跟牠說說話，牠就會不停地吠。

我在 2 樓工作的時候，牠會躺在我旁邊睡覺，
甚至會舔我的電腦（到底為什麼？！）
我從外面開車回來，透過客廳的白色窗簾，
會隱約看見一顆灰色、尖尖的頭在那東張西望，
Sandra 說，Cracker 在家裡一直「哭」，等著我回來。

Sandra 甚至浮誇地說：
「牠的行為都是出自於牠想要好好照顧妳！」
我實在不懂 Sandra 的「照顧理論」，
有天，當她再度重申狗狗是想照顧我時，
我忍不住回嘴：「牠不是 Cracker，
對我來說牠是 Stalker（跟蹤狂），對妳來說
牠是一個 Traitor（背叛者）！」

（我和 Sandra 放聲大笑，突然迸出的這句英文繞口令
把我和她都逗得很樂。）

《不一樣的 Grandma, SANDRA！》

# 形象的重要性？

SANDRA

Sandra 是土生土長的蘇格蘭人，
她常說小時候，她媽媽每天都要她穿熨斗熨過的白襯衫，
刷過的亮皮鞋去上課，
只要存夠錢，她就會去愛丁堡買洋裝，去 Glasgow 買皮鞋，
「那時候的英國人可是要穿戴整齊才能出門的喔～」

看她房間放有不少童年時期去相館拍的老照片，
我猜她應該是個備受大人寵愛的小孩吧！

不知是不是承襲了她母親的個性和習慣，
Sandra 非常注重形象（偶像包袱），
在這次的相處，我觀察到以下幾件關於她的有趣小事：

1. 有天我做三明治給 Sandra 吃，中間夾了很多配料，
   有點厚度，發現她一邊吃，一邊遮著臉，
   她說：「我怕路過的車看到一個女人嘴巴張得很大
   在吃東西！」我心想，我們住在巷子內的巷子，
   一天會經過的車不到 5 台，
   而且真的會有人一邊開車一邊注意窗內有人張大嘴
   在吃東西嗎？
   （就算看到應該也覺得很正常吧！）

2. 有天她邀我去酒吧吃晚餐，
   點餐時，我因為要開車選擇喝氣泡飲料，
   Sandra 則點了一杯酒，但她特別跟服務人員說：
   「其實她（指著我）也想喝酒，
   可是她要開車不能喝，不是只有我想喝喔！」
   後來酒上來後，她又遮著臉喝，還問我：
   「大家會不會覺得我這個老太太跑來酒吧喝酒很奇怪？」
   我說：「這是酒吧，喝酒不是很正常嗎？！」

3. 去二手店買東西，店家會用回收的紙袋裝客人買的商品，
   但通常我會帶著自己的購物袋出門。
   有一次我們購物完，從店內出來時 Sandra 說，
   店家給她的袋子很醜，她想把她的袋子放進我的購物袋？
   （我太驚訝了！）

4. Sandra 帶狗狗 Cracker 去散步時，
   路人會問她的狗叫什麼名字，
   她因為覺得 Cracker 這個名字有點 silly（傻），

居然臨時幫狗狗取了新的名字叫「Loftus」，
還不斷對牠說：「Loftus, let's go home!」（我們回家）。
（真的好想知道當下 Cracker 的心情如何？）

不過呢，這麼著注重形象的 Grandma
卻會陪 Struan 在大賣場玩推車遊戲，
她會先用右腳助跑，再雙腳跳上推車帶著 Struan 四處衝刺。
每每我都要大聲喝止這對失控的祖孫。

或者她還會在家中後院，
騎著幼兒滑板車狂追騎腳踏車的 Struan，
但她會先確認大門有上鎖，才會玩這個遊戲，
因為先前鄰居突然來訪，推門進來看見她瘋狂的樣子⋯⋯

# Grandma 的灰桶子

Sandra 家中有一個非常實用的灰色桶子，
每天吃完飯，她會把所有餐具、碗盤、鍋子都丟進那個桶子，
然後再注入熱水，擠很多的洗碗精，整桶浸泡一下，
再將餐具一一拿出，這樣就算洗好了。

Sandra 還會一邊吹著口哨，
一邊用茶巾（tea towel）擦乾所有帶著泡泡的餐具。

以台灣人的角度，這哪算「洗好」啊？
有一次我重新刷洗她擦乾的碗盤，
她好奇地跑來問我：「這都洗過了呀？妳為什麼要再洗一次？」

\*

還記得 Struan 6 個月大的時候，第一次去蘇格蘭，
因為天冷，Sandra 和 Ned 都建議我不用每天幫他洗澡，
可是我還是習慣幫他洗熱水澡，再餵他一瓶奶，當作睡前儀式。

於是，Sandra 又拿出那個灰色桶子，
放在客廳的地毯上，再把 Struan 抱進去泡澡洗屁屁，
當時我好震驚，第一，在地毯上洗澡？
第二，那個灰色桶子不是洗碗專用的嗎？！

Grey Basin!

過了一陣子，那是我買車後第一次洗車，
因為半夜常常下雪、結霜，
車窗都被弄得好髒，雨刷無法清理，
Sandra 便建議我用海綿刷洗一下即可。

我去儲藏室找了一個不鏽鋼鐵桶，
裝了滿滿的溫水開始洗車，Sandra 也過來幫忙。

結果她發現我小鐵桶已裝滿污水，便去幫我換水，
當她提著換好水的桶子出來，我又嚇了一跳，
又是那個灰色桶子！！！！

我急忙問她：「那個不鏽鋼鐵桶呢？」
她說：「哎呀～那個桶子不夠深呀！」

然後，晚餐過後，
同一個灰色桶子又再度為家裡的碗盤服務。

我在蘇格蘭的時侯，要畫一幅關於兔年的作品，
我請Sandra 抱著 Cracker 讓我摸摸動作，
而畫下了這張！

"I just want to be a HAIRDRESSER!"

Sandra says.

# 美髮師 Sandra？

還沒到晚上洗澡時間，但是頭髮就有點出油了，
我便跟 Sandra 說，想要在廚房洗碗槽簡單洗一下頭。

準備好手機，想說可以一邊聽音樂一邊愜意地洗頭，
沒想到，Sandra 立馬興沖沖地拿出那只灰色桶子開始裝水，
然後用馬克杯舀水幫我洗頭，還幫我調整水溫，
甚至拿一旁擦碗用的茶巾替我擦臉，
問我想用哪一罐護髮乳？

我立刻回說：「不用不用！
沒關係，我怕等一下妳會拿叉子幫我梳頭！」
她感覺有點失望：「哎呀！我真的很想幫妳好好護髮，
我從小就想當美髮師呀！」

半推半就下，我只好就範，
當然 Sandra 的手絲毫也沒要停下的意思，
她開心地吹著口哨拿出大毛巾幫我把頭髮擦乾。

我……我……到底經歷了什麼呢？

《在英國上學的日子》

# 或許是個快樂的開始？

Struan 開始入學了。

今天要去學校試讀 2 小時，Sandra 陪著我們一起去，
我填了好多張表格，
包含 Struan 的飲食習慣，喜歡的卡通角色……
雖然忙著寫，但我不斷地偷偷觀察 Struan，
擔心還不太會說英文的他會緊張。

班上有好幾個同學，都主動來找他玩，老師也來帶他一起畫畫，
老師請我準備連身的工作服和雨鞋，
並說只要沒有下太大的雨，
孩子們都可以到戶外踩泥巴、去樹屋玩，
也可以自由決定要不要睡午覺，每天只要帶水壺來上學就好。

我聽完說明放下心中的石頭，或許他在這會很快樂！

離開學校後，我們一起走到附近的大公園玩，
整個公園只有我們 3 個人，地面到處都結了冰，
Sandra 便帶著 Struan 進到結冰的地方「溜冰」，
結果 Struan 差一點就衝到結冰的湖裡……

我心裡默默想著，
不管是學校的教學方式，或是 Grandma 陪小孩玩的方式，
這裡跟台灣還真的很不一樣啊。

# 蘇格蘭的幼兒園，滿分！

剛開始帶 Struan 去幼兒園時，每次接他回家前，
都要做好心理準備，會接到一個全身髒兮兮的孩子。

這裡跟在台灣讀的幼兒園很不一樣，
沒什麼規則，不用睡午覺、想玩什麼都可以，
所以每當 Struan 講起學校的事，眼睛總會閃耀著光芒。

第一天，Struan 說：「媽媽，學校裡的玩具都是真的耶！
有真的鐵鎚跟釘子，那個學習遊戲區可以讓我當
真正的木工！」

我當下心想，老師辛苦了，
但還是要好好確保孩子的安全呀！

第二天，Struan 說：「我今天有摸好多蟲子，
還在樹屋裡跟同學玩，
原來 slug（蛞蝓） 摸起來的感覺是這樣啊！」

我看他的褲子的膝蓋處全是泥土，手指甲縫也都是黑黑的，
想他應該真的玩得很開心！

第三天，Struan 說：「媽媽，我們今天去找老人玩喔！
我跟他們玩翻牌遊戲，還送給他一張牌，讓他記得我！」
原來他們今天去了老人院，然後 Sandra 對 Struan 說：
「你知道你為這些老先生、老太太們帶來很多快樂嗎？」

媽媽覺得這些活動真的很棒呀！

近來 Struan 每天都會帶他的勞作回家，
他會跟我說他畫的故事，他經常畫家人，
老師會在畫紙上替他標註每個角色的名稱，
我很感謝老師這麼有耐心聽 Struan 講故事。

老師還在一旁畫了很多卡通角色，讓他塗顏色，很用心！

看著老師的手繪角色外框，我有點感動，
便問 Struan 是不是很喜歡這間學校，他給了滿分！

Superhero
"Superhero
Struan
Strawberry"

Struan
"power ranger"

雖然一開始擔心他會不會學不到東西，
但我發現在短短幾個月內，他的英文進步神速。
不只如此，他還學會人和人之間的關係。

有一次，要進學校前，
我們看到一位同學在旁邊跟媽媽鬧彆扭，
我問 Struan 要不要去安慰對方，
沒想到他說：「如果我是她，會希望沒有人看到我這一面，
讓她們自己解決就好了。」

對於他的懂事，我好驚訝。
這間學校，雖然沒按教材教小朋友東西，
但潛移默化的愛與關懷或許更值得學習吧。

這張照片是剛入學第一週,老師傳來的照片.
看到 Stryan 可以開始跟同學牽手一起玩,
放心不少。

老師每一週都會上傳照片到網路聯絡簿，
記錄孩子在學校發生了哪些事。

Today Struan told me 'I copy grandma' I asked Struan what do you do?
Struan said grandma always says 'I dae Ken and cheerio'
I asked Struan if he knew what both of these meant to which he said 'yes
it's - I don't know and Goodbye'
This is fab that Struan is expressing that he is learning and understanding
the Scottish language through family and friends.

# 放學後玩什麼？

Struan 的學校是下午 3 點下課，
時間滿早的，所以我想幫他安排一些課後活動。

他的堂哥 Dara 有上足球課，Craig 就帶我們一起去觀摩，
我看 Struan 踢了幾次球，好像很有興趣，
就寫信給社區課程的承辦單位，為他報名新班級，
沒想到竟然收到「因人數不足無法開課」的回覆。

社區課程的學費很實惠，但報名人數真的太少了，
Craig 說 Dara 也等了一年，才等到開課。

一心朝著想讓 Struan 參與跟台灣很不一樣的運動，
我最後報名了騎馬課。

蘇格蘭的家人都騎過馬，
聽到我們要去上課，Sandra 更是興奮地描述，
要如何律動才能讓馬跟上自己的節奏。

可惜 Struan 年紀還小，沒法自己騎，
只能讓馬場主人牽著馬帶他散步 30 分鐘，
不過能到馬場，和馬兒近距離接觸，也夠讓我們興奮了。

農場女主人牽著馬匹出來，介紹馬的名字，
並讓我們摸摸牠，
馬兒是有點年紀的黑馬，情緒穩定，很適合和小孩互動，
一開始我在摸黑馬的鬃毛時，
牠以為我揹在身上的小包包是飼料，立刻一口咬住，
就在牠要大口嚼下前，主人跑過來制止了。

Struan 戴著帽子坐在馬上，女主人一邊牽著馬、
一邊教 Struan 唱關於小馬的兒歌，
一路上風景美麗，還經過草泥馬的牧場，
她停了下來讓我們看看草泥馬，
30 分鐘很快就過去了。

我們連續去了幾次，我也加入騎了一次，
那次飄著雪，雖然手已經凍到沒知覺，還是很享受整個過程。

除了騎馬課，我也會找不同的地方帶 Struan 去玩，
像是學校附近的一座公園，面向大海和高爾夫球場，
不禁羨慕起當地人，擁有這麼漂亮的自然景色與新鮮空氣。

還有我們最喜歡去的「Deer Center」，
那裡有各式各樣的鹿，園區大到難以想像，
牠們被圈養在一片很大的草原上。

入園費是隨意樂捐，付款後可以拿飼料進去餵食小鹿，
當我們走近斑比那一區，牠們就興奮地衝過來，

公園對面是高爾夫球場。　另一面是大海。
公園常常都只有我們一組人
在蘇格蘭鄉下，人真的不多。

甚至還用跳的，立刻把我們手中的飼料都掃光。

走過好幾區的鹿園後，映入眼簾的是一整區的公園，
有很大的恐龍造景玩沙區、湖水裡還有假鱷魚，
最後，Struan 在跳床區玩了好久。

很難想像這麼好玩的地方，
整個園區裡不到20個人呀！

大海旁的沙灘上，會有好多大狗來這邊盡情跑步。

# 學著說再見

21.04.2023

要回台灣了。

Struan 在學校上課的最後一天，
我準備了蛋糕、果汁給他的全班同學，
接他下課時，所有同學都站在圍欄裡，

一邊哭一邊跟 Struan 說 bye bye，
還不停地問他：「你下禮拜會回來嗎？」

他最喜歡的老師 Carol，趁著眼淚還沒掉下來前趕緊轉過身，
看到這些畫面，我的眼眶也紅了。

晚上一起洗澡時，
Struan 說：「平常我說的那個 cold teacher
（話比較少冷冷的老師），我好像已經走進她的世界了。」


＊


我也有我的道別。

簽好了文件，我把車賣掉了，
陪伴我們好幾個月的 MINI Cooper，真的是一台非常好開的小車。

在最後一趟開它的路上，我在心底跟車子說：
　　　　「謝謝妳的照顧，I had a great time in Scotland.」

　　　　　　　　　　我在蘇格蘭有段很美好的時光。

　　　　　　　　　　　　說再見好難，
　　　　　　　　　　　　　　永遠都來不及準備好。

《英國生活雜記》

犯錯也沒有關係.

這趟英國行,我們照例去倫敦拜訪(打擾)Lucinda阿姨.
她家位在市中心,一踏進去.
就能感受到和蘇格蘭完全不一樣的生活氣息.

那天，我和 Struan 去逛 Harrods 百貨，
想買罐 Sandra 最愛的柑橘醬送給她。

Struan 搶著要拿，一不小心，把玻璃罐摔到地上，碎了，
我心頭一緊，想著賠錢事小，
把地板弄得到處都是，該怎麼辦？

店員趕緊過來處理，但要我們等一下，說會請主管過來，
正當我擔心事情會不會很嚴重……
沒想到，主管蹲了下來對 Struan 說：

「你知道嗎？我每天都會犯錯，
　　　　　這種事情很正常，請不要放在心上喔。」

我被他們的處理方式深深感動，連忙說要賠錢，
他們再三拒絕後，我拿一罐新的果醬去結帳。

接下來我們去速食店, Struan 又不小心打翻飲料⋯⋯
　　　　　　　　　　　　　　　　(媽媽無地自容)

店員是一個年輕女生, 她對 Struan 說:

「我是個大人, 可是打翻飲料這種事我天天都會犯,
我再拿一個杯子給你, 去幫自己裝一杯新的飲料吧!」

希望這些小事, 能慢慢建立 Struan 的自信心,
雖然我不確定這趟英國行他學到了什麼,
但是我知道他更快樂了!

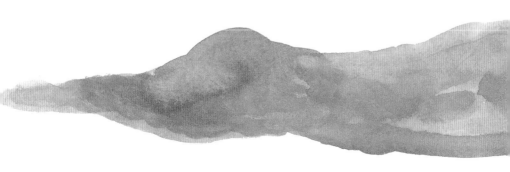

想念

英國很大，
開車出門的時間很長，
但路邊風景很美。

回到台灣，
我經常播放在英國開車時聽的音樂，
聽著熟悉旋律，不禁想起那裡的生活點滴。

想念旅行，
也想念那種自在的感覺。

# 買房子

有天 Struan 突然跟我說:
「不要再想買房子的事了,我們已經有房子住.很好了。」

我:「可是我擔心你長大後會沒房子住啊?!」

Struan:「我可以自己買呀!有多的錢可以讓妳去健身。」

隔天他跟我說:
「
妳知道嗎?

妳想幫我買房子真的是最爛的主意,

妳把錢都花光了,

要怎麼買飯給自己吃?」

# 低潮的三月天

傷心到畫(寫)不出什麼東西，沉默了好幾天。

我試著安排很多活動，開車開去很遠的地方，
試著在沒去過的旅程中，感受一些新的事物。

我不停地鼓勵自己，
卻在突然跳出的傷心念頭中，敗陣下來，
雖然知道，情緒都掌握在自己手中，
但該怎麼做才好呢？

我要在那些影響自己的事情裡，清醒過來(必須)
說好容易，做卻好難呀……

# 看到狗就會開心

在一間古董店買到好喜歡的咖啡杯組,
卻在走出來後,不小心弄破杯子.
Struan 看著傷心的我,
便指著路上的狗說:

「妳看那隻狗好可愛,

心情有沒有好一點點b?」

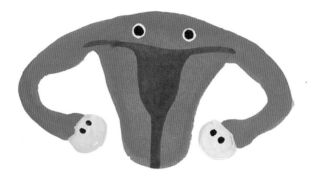

# 身體健康的重要性

●●● ●●● ●●●

我帶 Struan 去愛丁堡的「Surgeons' Hall Museums」,
　　　　　　　　　　　　(外科醫生大廳博物館)
裡頭展示著人類身體各部位的器官狀態:

　　像是黑色的肺,或長腫瘤的內臟。

　　那天起,Struan 更注重健康了。

有天,Struan 跟 grandma Sandra 去親戚家玩,回來馬上
跑來跟我說:「剛剛在路上碰到有人抽菸,我就
趕快把外套拉起來摀住鼻子,不然我的肺就會
變成黑色的了!」

ps. 1. 這邊的紀念品店,有很多器官的布偶,很可愛。
　　　我們買了一個子宮娃娃吊飾。

ps. 2. 博物館的戶外雕像,看起來蠻嚴肅的,走進去前,
　　　我先問櫃枱售票人員,這裡適合兒童
　　　參觀嗎?他說 Struan 的年紀看起來
　　　剛剛好,再大一點反而會害怕了。(笑)

Uncle Craig 載小孩們去森林玩

# 一個人的葡萄牙之旅

冬天的蘇格蘭日照短，天寒地凍，
加上很多餐都吃 fish and chips（炸魚薯條），
我感到有些厭倦……
於是到這裡 2 個月後，
我決定去周遭比較溫暖的國家旅行。

本想帶著 Struan 同行，無奈他的護照過期還在等換發，
Sandra 和 Craig 又說可以幫忙照顧 Struan，
我就獨自前往葡萄牙幾天，
到北部的港口城市 Porto（波多）旅行了。

在去之前，我準備了 4 天 2 人份的便當，還準備了 4 張藏寶圖，
讓 Struan 每天早上一起床可以拿著藏寶圖找不同的玩具，
每張藏寶圖都放在一盒糖果裡，等 4 盒糖果吃完，
媽媽就回來了！

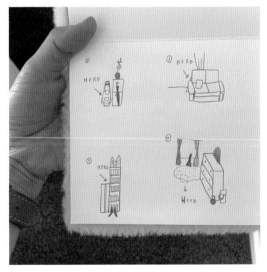

藏寶（玩具）圖

凌晨出門，一路上都黑漆漆的，
一到機場就收到 Sandra 的訊息，
寫著：「Struan 哭了一下，給他一個大擁抱，
他拿到藏寶圖就不哭了。」

Criag 也傳訊跟我說，他會帶 Struan 出去玩 2 天，
要我放心去度假吧！

他們去雪地玩，而我去葡萄牙曬太陽了！

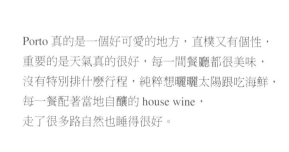

Porto 真的是一個好可愛的地方，直樸又有個性，
重要的是天氣真的很好，每一間餐廳都很美味，
沒有特別排什麼行程，純粹想曬曬太陽跟吃海鮮，
每一餐配著當地自釀的 house wine，
走了很多路自然也睡得很好。

Porto 的肉販

跟蘇格蘭比起來，Porto 真的算是很「放鬆」的城市，
有天搭公車到比較遠的美術館，
半路上，前頭騎警的馬匹突然鬧脾氣不走了，
這影響到了路面交通，除了公車停下來，
後方車子也跟著塞住了。

意外的是，外頭沒傳來什麼喇叭聲，
公車裡也沒聽到民眾的抱怨聲，
大家反而只是笑笑地看著窗外的 4 匹馬。

當騎警終於將馬騎到一旁時，
我們這台公車的司機也沒要趕路的意思，
居然搖下車窗慢條斯理地摸起馬來！（什麼意思？）

我忍不住想，這座城市大家都不趕時間嗎？
每個人的行程都跟我一樣隨性嗎？

從蘇格蘭到葡萄牙，不僅天氣，連街上行人的
服裝也從黑壓壓變成五顏六色！

某日的行程是去一座小山上的酒莊，
我看到一個盛滿葡萄的巨無霸木桶，
當地人在木桶裡，
一邊唱歌一邊賣力地踩著腳下的葡萄，
當下我非常震驚於這樣傳統人工釀酒的方式。

接著我來到戶外花園區品酒，
喝了 2 杯又香又濃的葡萄酒，
周圍還有幾隻不時走來走去的孔雀開屏，
也算是很華麗的享受？

路上常常有各種唱歌、音樂聲。

結束參觀行程後，帶著微醺醉意的我想慢慢走回市區，
看著山下景色，正覺得一切都很舒服，
一轉頭，發現有 3 部以上的車在我後面等著要過，
我連忙鞠躬道歉，
沒想到第一台車的車主對我比了個大拇指，
他身旁的女伴還給我一個很大的微笑。

欸！這邊的人，是不是都很愜意啊？
有天，我一定要帶家人來這邊旅行。

# 去高地旅行，到尼斯湖找水怪？

在葡萄牙旅行放空時，
得知 Struan 的學校將要開始為期一週的復活節假期，
突然間，我有種從渡假模式清醒的感覺，
因為我得開始安排那幾天假期的活動了……

以前在愛丁堡唸書，
曾經想要去「蘇格蘭高地」（Scotland Highlands），
但是路途遙遠，沒有成行，
那不如就趁這次假期，安排一趟北上旅行吧！

Struan 非常期待要去高地看尼斯湖（Loch Ness）水怪，
還在公園找了兩個帶有分枝的木頭做成彈弓，
想用來對付水怪。


\*


到高地的路程約 240 公里，
所以我在途中規劃了一些行程，
中午到百年下午茶店「Effie's」用餐，
下午再去「Blair」城堡，
Struan 還是保有上車就睡覺，一到定點就自動醒來的好習慣。

一走進 Blair 城堡，
牆面上掛了滿滿的槍、西洋劍和鹿角，
還有大型的北極熊跟鹿的標本，
當天飄著雨、天氣陰暗，如果不是因為假期，
有比較多的遊客一起參觀，否則應該會很毛骨悚然。

當時正值復活節，館方為每個到訪的孩子安排了活動，
要他們在城堡內找復活節彩蛋，
找到全部的蛋就能得到禮物。

城堡內還能看到很多舊時代的生活道具，
我很驚訝古代床的尺寸比現在小很多，
除了當時的人比較矮小，也因為擔心半夜鄰國會攻打過來，
所以他們大多採坐姿睡覺。

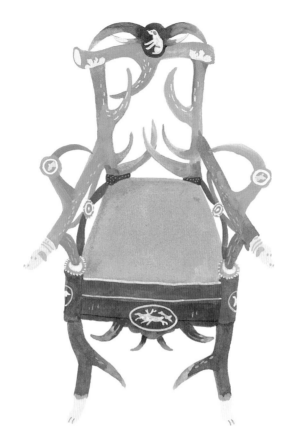

Mother-in-law Chair
in Blair Castle

其中我覺得最特別的是一張是用鹿角做的椅子，
正在欣賞時，旁邊一位老先生跟我說，
這張椅子叫做「Mother In Law Chair」（婆婆的座椅），
因為用鹿角做的椅子又硬又不舒服，
希望婆婆坐不久、快點離開而得名。

這個老先生講完這些，
突然從口袋拿出一張復活節蛋位置的答案紙，
給 Struan 對答案，還開玩笑說，
你得到巧克力後可以分我吃一口嗎？

沒法在城堡停留太久，我們繼續趕路，
想趁天黑前到住宿的地方安頓下來。


\*


我們住在一棟農舍改建的樓中樓房子，周圍被農場環繞，
房子的布置簡潔卻又不失英式風格，
房子的中心有一個火爐，
煙囪貫穿兩層樓到屋外，天花板有開窗，
因為已經是太陽很晚才下山的四月天，
我們能享受日光至晚上 8、9 點。

一切看起來都很美好，房子漂亮、屋外還有驢子跟羊，
但是屋內所有用水都是帶土的咖啡色，
雖然屋主說這是天然的水，對皮膚很好，
可是以台灣人來說，用未經過濾的水煮菜，
感覺還是怪怪的。

再來就是我們進入房內時，房門只有一個簡易的鎖，
一旁還放有斧頭和鹿的頭骨，這讓我整夜都很害怕，
害怕住在這麼空曠的地方，
如果發生什麼事會不會沒有人知道？

翻來覆去難以入眠的我，開始胡思亂想，
擔心有人已經複製了門的鑰匙偷偷跑了進來，
又或者壞人會直接用斧頭把這扇門打破？
加上那晚突然停電，我整夜都睡得很不安寧！

Struan 給了我很糟的提議：「還是妳學國王都坐著睡覺？」


\*


第二天一早，我用爐火烤了鬆餅，
用餐後我們就往尼斯湖出發，整路的風景真的太美太美了，
我們先在山腳下的小鎮逛了一下，
整區的小商店都圍繞著水怪做各式商品，
Struan 無心閒逛，一心計畫著等下該怎麼和水怪對戰？

尼斯湖很大很大，也確實很漂亮，
但是因為這整趟行程都是好山好水的漂亮景色，
再加上 Struan 沒有看到水怪，
逛完一圈的尼斯湖後，
他問我：「媽媽，這裡到底有什麼特別？」

接著，我就默默地往 Aviemore 國家公園的路開去⋯⋯

請路人幫我們拍張照留念。

Aviemore 的湖月

到了 Aviemore，
他又問：「媽媽，這裡跟尼斯湖好像差不多……」
我感覺背上又再被射了一槍。

旅程最後一天，是非常舒服又有陽光的好天氣，
當天的目的地是 Aviemore 的山頂，
我跟 Struan 先在半路的森林裡散步曬太陽，
一路碰到各地來露營的遊客，
還有從鄰近國家開來的左駕車。

把車停在山上後，我帶著 Struan 坐纜車到山頂，
車程只要 5 分鐘左右，
在車上看到很多裝備齊全的老先生和老太太
準備到山頂滑雪，下車後，被戶外的景色給震懾，
這應該是我人生中看過最美的地方！

我們離天空很近，雲也近在咫尺，
但怎麼拍照都無法拍出現場的遼闊，
已經是春天，積雪融化了不少，
沒有雪的地方是淺淺帶著卡其色的黃草地，
我們沿著石頭路往上爬，
近看這些石頭是帶著粉色的礦石，
還有集結各種不同色彩的微礦石頭。

山頂的溫度極低，我們腳上沒穿雪靴，
卻想在這片難得的美景下多待一會。
Struan 則試著在每個積雪稍厚的地方，
躺在地上做「雪天使」。

這趟旅行是回台灣前的最後一次長途旅行，
在蘇格蘭的旅遊大多以接近大自然為主，
現在，真的很想念這個人煙稀少，
每天手機顯示空氣污染度極低的地方呀！

# PART. 3.
# 《 STRUAN 雜記 》

## Struan is an old person !

Struan 是一個行為舉止、

飲食習慣都比較成熟的小孩，

說好聽一點是「成熟」，

更準確地說，他就像是一個小老人，

他的言行總令我感到驚訝，又氣又好笑，

常常會忍不住大吼：

「不要再說這些老氣橫秋的話了！！」

《飲食篇》

# 不吃肉比較不殘忍？

## - 2y 6m -

Struan 2 歲多的時候，跟我一起去逛菜市場，
當時我常常水煮雞腿讓他直接拿來啃，
我們一到雞肉攤，
看到正在砍肉的叔叔，
Struan 問他：「為什麼你這麼殘忍呢？」
從那天起，他就拒絕吃肉類了。

一開始還是會吃肉鬆、雞塊等，
當他發現這些其實也是肉製品，
通通都不吃了。

有天開車出門，他坐在後座說：
「妳有沒有想過或許可以不要吃肉？
這樣比較不殘忍，對妳的運氣也許會更好？」

但媽媽有時候無法抗拒對鹽酥雞、烤肉的誘惑呀！（攤手）

# 油炸物要少吃

- 3y -

每過一陣子，
我都會有種好想吃鹽酥雞配啤酒的症頭，
問 Struan 要不要幫他買個甜不辣？（他吃海鮮素）
他說：「我吃一點點就好，妳也別買太多，
吃油炸的對身體不好呀！」
（我是媽媽還是女兒？）

# 養生小零食
## - 3 y 6 m -

Struan 很愛的零食是紅棗、枸杞，還有酸梅。
去英國時，也帶了一包紅棗跟酸梅，
他每天都會說：「今天可以拜託讓我吃一顆嗎？」
謹慎分配額度，很怕吃完的那天到來。

台灣幼兒園在學期末可以帶零食到學校交換，
他說要帶紅棗，我擔心沒有同學想交換，
硬是也放了海苔進去，活動結束後，
我急忙地問老師：「今天有同學願意吃紅棗嗎？」
沒想到 Struan 的紅棗大受歡迎，
原來小孩子蠻能接受紅棗呀！

很多人問，是不是外公外婆有給他吃，他才喜歡紅棗？
其實是 Struan 有天跟我和朋友一起去爬山，
山上的店家給他試吃幾顆，朋友又買了一包送他，
那天起，我就常常讓他帶著出門當零食吃。

某次飯局，朋友驚訝地看著 Struan 拿出小鐵盒，
準備開始享用紅棗，
她連忙開玩笑說：「拜託！千萬別分享給我！」
（其實大人沒那麼愛吃啦！）

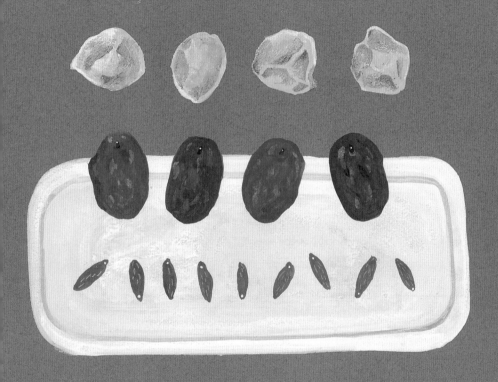

原味最合胃口

－ 3 y 8 m －

除了不吃肉類，Struan 也不喜歡吃醬料，
喜歡直接生吃小黃瓜、紅蘿蔔，
連水煮都不用，更不沾醬。

所以有時候我會特別拿糖果給他吃，
擔心哪天他突然發現加工食物的美味，
食慾一旦反撲，
會不會變得很極端？

a little old person!

・　　・

- 4 y 6 m -

在英國幼兒園上學時，
學校常常有公園野餐慶生活動，孩子們會一起吃蛋糕，
老師說 Struan 都會先問是什麼口味，
一聽到是巧克力就拒吃；
也會因為餐後的果凍太甜，而詢問能不能換成水果？
全班都喝著冰水，他也會問是不是可以提供溫水？

接 Struan 下課的時候，老師和我說了上述這些，
然後下了一句總結：「Struan is a bit like an old person.」
（好擔心他的飲食習慣，無法融入校園生活啊～）

# 黃色那本有神仙的書

- 5y -

有天 Struan 從外公外婆家回來，
Struan：「媽媽你知道其實很多東西搭配著吃不好嗎？」
Me：「什麼意思？」
Struan：「比如橘子跟螃蟹不能一起吃，吃了會中毒，
蝦子跟南瓜也是。」
Me：「你怎麼知道，誰告訴你的？」
Struan：「我看了一本黃色，封面有神仙的書。」（？）

一年後，有天我們騎車經過水果店，
問 Struan 梨子看起來真好吃，要不要過去買？
Struan 回說：「可以呀，只要記得不要帶去婚禮，
更不要在婚禮切來吃，妳知道的吧，
分離（一邊手比著分開梨子的姿勢）。」

莫非是《農民曆》？！
我瞬間想黃色封面上的那些飲食禁忌插圖，
問他是不是從那裡看到的小知識？

Struan：「我不記得每一個了，
但是妳要記得田螺跟很多食物都不適合一起吃。」
我聽了大笑一番，心想 Struan 是 5 歲還是 50 歲呢？

喜歡麵食的煩惱

— 4y 2m —

今天問 Struan 要吃煎餃還是包子？

Struan：「妳應該知道我要吃什麼吧？就是包子呀！」

Me：「你不只喜歡包子還有饅頭耶！」

Struan：「哎，我一定會下半身肥胖的！」

Me ：「……」

（為什麼偷聽媽媽自言自語還要學起來？！）

（下半身肥胖真的會遺傳嗎？！）

《 生活大小事 》

愛的勳章
    - 2 y -

2020 ～

我很愛在家種滿植物.
常常帶著 Struan 去花市、農場,
不知道從哪天起,
Struan 很愛撿葉子,
會說:「這是給妳的勳章!」

每次一起走在路上,
他總會找小野花給我.
出生後,第一次送我的小禮物就是這些
          小花、小松果。

悠哉的大雄
　　　－ 2y 4m －

14 th. Oct, 2020


不知道為什麼,

最近 Struan 躺在床上時,

會出現《哆啦A夢》裡大雄偷懶時的模樣.

有一天, 我就真的讓他打扮成大雄!

(幫小孩做特殊打扮,
　真的是很多媽媽的樂趣呀!)

秘密基地
　　　- 2y 4m -

15 th Oct, 2020


突然很想幫 Struan 做一個秘密基地,
問一樓做資源回收的阿嬤,
有沒有很大很大的箱子?
隔天阿嬤就找到一個超大的冰箱紙箱,
還煮了兩顆滷蛋給我們。

馬上做了一間小房屋給 Struan,
他真的好開心!

　　　　還用之前刷牆的乳膠漆來刷這個小屋!

如果有一天
　　　- 2y 4m -

20 th. Oct. 2020


今天開車載 Struan 的時候,
他突然說:「我很愛你,但是我擔心有一天
　　　　　　　妳會去當天使。」
me:「可是我會在天上看著你呀!」
Struan:「可是我看不到妳,會很想妳。」

(第一次聊生死話題,要記錄下來!)

車友自介
　- 2y 7m -
11th. Jan. 2021


Struan 準備上幼兒園以前.

我決定帶他去一趟台灣西半部的旅行.

在台南的第一天.

我們去小寶 & 小夫家吃飯.

大宇和酸酸阿姨也來作伴.

吃完一桌美食, 我很貪心地訂了「地瓜球」外送.

一個年輕哥哥騎著重機送來.

Struan 對他說:「謝謝你送地瓜球.

你看這是我的滑板車, 是我媽媽買給我的.

她是一個很好的人。」

年輕哥哥指著他的重機說:「那你看這是我的車!」

我們都大笑了!

最好的陪伴
　　　　　- 2y 7m -
24 th Jan. 2021

同樣是在台南的某天晚上,
我跟 Struan 說「好想吃火鍋喔,
可是有一點晚了,火鍋要吃比較久.
　你願意陪我嗎?」

他答應了,帶了自己的玩具、畫筆.

整個晚餐,我們一邊吃飯一邊聊天,
有時安靜,他就做著自己的事.

那一天,我發現我們的相處模式很平等,
有時候我照顧他,有時候他陪伴我.

現在,我們會一起逛街、一起上居酒屋吃晚餐,
也會一起去玩具店、遊樂園.

LION !
　　- 3y -
8 th . Jun . 2021

今年的生日，我想送自己一隻「LISA LARSON」大獅子．
特地在凌晨爬起來搶標．
從 ebay 上標到了一個大獅子的老物件．

但從美國運送來的途中，大獅子竟然破了．
雖然賣家全額退費，不過一件美好的藝術品
就這樣碎了，我傷心欲絕．
Struan 看著我很難過．
拿了貼紙簿來，教我怎麼玩，並說：
「等我長大以後，買兩個給妳也可以呀！
　或是找金色的給妳好不好？」

後來我想盡辦法，終於在加拿大買到一隻，
　完整收藏到大．中．小的獅子了！

# 生日驚喜計畫
## - 5y -

26th. Jun. 2023

今天是 Struan 生日,

雖然數不清已提早吹過了幾次蠟燭?
但是在當天,我還是準備了一個大驚喜給他。

前一天,我先約了好友金露露來我家吹氣球,
我們一個個吹,越吹越多。
吹到家裡充滿了橡皮的味道,
我還寫了一個計畫表,給每個朋友安排了不同的工作。

計畫的開頭是綿羊阿姨先跟她的男友在麥當勞吃飯,
與我和 Struan「巧遇」,其他朋友也接二連三地現身
上演「不期而遇」。

一開始我要帶 Struan 去麥當勞時有點不順利,
他抱怨不想吃麥當勞,只好讓他帶著紅棗前往。

看著大家紛紛到來，他高興到不停說著：
「我的臉頰都笑酸了，我是在什麼時空？
大家怎麼都穿越來找我？」

接著計畫的 PART 2 開始，
大家又假借有事離開，
其實他們都已經在我家等待，
把蛋糕準備好，蠟燭也點上，
載 Struan 從麥當勞回家路上，他還嘟嚷地說，
真希望有下一次巧遇。

萬萬沒想到，一進門，有人攝影、有人拿蛋糕、
有人幫他戴上生日的帽子，
所有人在一起為他唱生日歌，度過好開心的晚上！

朋友們看到我家的佈置，
還說，這種等級應該是求婚吧！

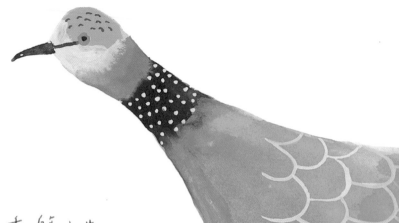

重啟人生
- 4y 11m -
19 th. May. 2023

前陣子看了日劇《重啟人生》,
故事描述女主角擁有好幾次重生的機會,
每一次她都會在過程中找到「錯誤」,
並在下一次重生時做出不一樣的選擇。

看完後,我對這部日劇留下深刻的印象。

剛好那段時間,
有斑鳩媽媽到我家築巢,後來生了兩隻小鳥,
好一陣子,我們每天起床的第一件事,
就是去觀察斑鳩一家人今天的狀況。

有天早上整窩的小鳥都不見了，
我好心急，
說著：「怎麼辦，都不見了！」
Struan 悠悠地說：「放心啦，
牠們晚點就飛回來了！」
那種口吻，好像知道事情會怎麼發展一樣。
我忍不住問：「這段人生是你第幾段的人生呢？」
他又悠悠地回：「第四段，大概是100多年了，
妳都有參與在其中。」

我好震驚，只是隨意問問，
怎麼回了和《重啟人生》劇情一樣的內容？
難道他有偷看這部日劇？

當天下午，斑鳩鳥一家果然又飛回來了。

條紋衣
　　- 3 y 9 m -

8 th. Mar. 2022


有天穿著一件條紋衣服.
Struan 說:「媽媽, 妳這件衣服好像因犯坐牢穿的..」
我回:「對啊! 其實我以前坐過牢!」
正想著他應該會很驚訝,
並問為什麼會坐牢之類的問題,
沒想到他問:「那你是住單人牢房嗎?」

(對於當時3歲多的他, 覺得問題的角度好特別……)

《令人氣結的》

淡然

- 2 y 6 m -

Oct. 2020


記得有一天,
從林口開高速公路回家,
我錯過了應該要下的交流道.
偷偷罵了一句:Shit‼
2歲多的Struan,在後座說:
         「沒關係,這都是意外。」

當下我心想,
原來他已經開始有自己的觀見點和想法了,
以後應該也會回更多讓我哭笑不得的話吧...

務實派

- 2y 11m -

27th. May. 2021

這幾天因為疫情而憂鬱,
晚上也做了惡夢.

默默地自言自語說:

「是不是該收驚喝點符水了?」

在一旁的 Struan 聽到後說:

「是可以喝啦, 但是營養嗎?」

- 3 y 2 m -

Aug. 2021

上禮拜，我們和棉羊阿姨
一起去農場玩。

之前我們都會在這個農場買烤地瓜吃，
Struan拉著阿姨去買，
那時店員玩著手機，
頭也沒抬就直接回說：「沒有賣！」
Struan：「那你有想上班嗎？」

我跟棉羊阿姨被嚇到，
連忙告訴他不可以這麼沒有禮貌，
馬上逃離現場！！

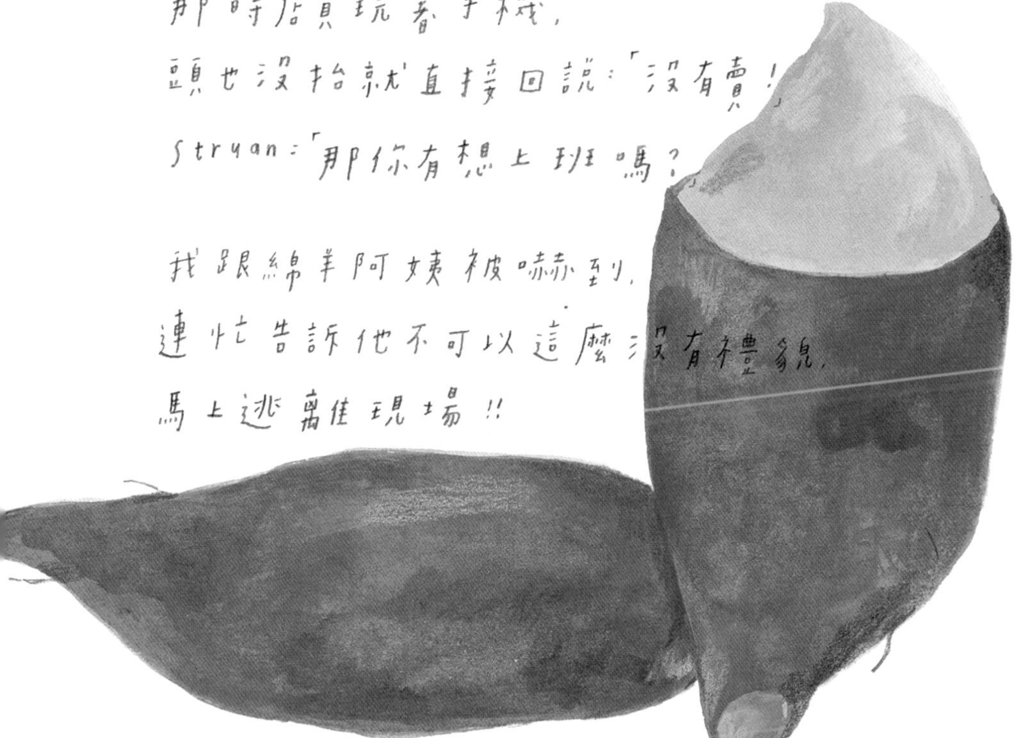

3rd. Jun. 2022

今天跟 Struan 說：
「你的脾氣怎麼這麼好?」
Struan:「可能是怒怒都跑出我的手掌心了!」
（電影《腦筋急轉彎》中的怒怒）
我聽完以後大笑，
然後，他悠悠地說了一句：
「妳腦中有沒有怒怒我就不知道了。」

這時候，
我確定我的怒怒已經跑出來了!!!

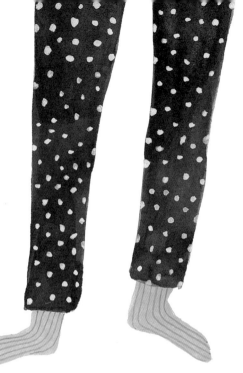

# 很會抓包

- 4y -

16 th. Jun. 2022

這幾天下雨,

氣溫都降下來了.

熬夜工作身心俱疲

的我, 想趕緊載完 Struan 上學, 回家睡回籠覺.

開到半路, struan 突然問:

「媽媽, 妳怎麼會穿睡覺的褲子出門?

妳是不是等一下想回去睡覺?」

覺得被抓包, 我有點激動地解釋:

「因為我是在家裡工作, 所以穿睡褲也沒關係!」

快到學校時, 準備下車的 Struan 拋下一句:

「媽媽, 祝妳有個好夢, 睡得香甜～」

.......

機智回擊??

－ 4y 1m －

28 th. July, 2022

今天 Struan 睡前,

又老氣橫秋地回我話,

刷牙時他從小椅子上跌下來,

我帶點嘲弄的眼神看著他說:

「你還真厲害,這樣也可以摔下來?」

Struan 的反應很快:

「妳這應該是在反諷我吧?」

然後我趁他還沒回房，

偷跑到他的床上躺著，

結果Struan走進來看到：

「不客氣啦，妳繼續睡！」

剛洗好頭，頭髮濕濕的我有點

慚愧：「不好意思啦，我去吹一下頭髮。」

Struan淡淡地說：

「其實我的枕頭濕掉也

沒有關係，請繼續睡。」

疑？是不是換我被反諷？

F f

自我了解很重要

- 4y 11m -

May. 2023

剛從英國回台灣的幼兒園.

老師提醒我 Struan 的功課跟不上進度.

雖然口中說沒關係. 但還是忍不住地擔心起來.

某次和外婆開車出遊的路上,

我們要 Struan 唸前一台車的車牌.

一台一台地練習,

訓練他認數字,

結果他唸得很慢.

我們語帶憂心地說:

「哎, 該怎麼辦才?」

Struan:「我倒是不擔心這件事,　　　每個人都有擅長

的事情呀, 比如說妳(指著我)　　　　　擅長畫畫,

又比如妳(外婆)擅長做　　　　　　　瑜伽,

而我呢? 是擅長聊天!」

我和外婆兩人

面面相覷......

## 錢的運用方式

- 5y 2m -

14 th. Aug. 2023

今天晚上經過彩券行.

Struan 問我:「妳知道那是什麼地方嗎?」

我:「彩券行啊!」

Struan:「是讓妳錢變成泡沫的地方!」


你怎麼知道我不會中頭獎?

雖然我沒有帶你買過.

但是你怎麼知道我沒有偏財運?

. . . . . . . . . . . . . . . . .

## 一瞬間的感動

- 5y 2m -

1st. Aug. 2023

Struan 班上有個同學發展比較慢,

他常常回來會跟我說那個同學被欺負的事.

Struan:「我會為他吵架,告訴其他同學,

他也是我們的好朋友。」

今天是 Struan 在這間幼兒園的最後一天,

洗澡時他說:「我今天跟他說,我們打勾勾.

這輩子都會是好朋友!」

我問:「你有說以後都不會吉了嗎?」

Struan:「沒有,我只跟他說.

我永遠都會是你的朋友。」

我發出: awwwwww~ (表示很感動的聲音)

Struan:「對了,妳懷孕了嗎?肚子怎麼這樣?」

情緒瞬間從感動轉為一把火!!!

膽量訓練

- 4y 7m -

23rd. Jan. 2023

抵達蘇格蘭了。

昨天我們一起去愛丁堡的歷史博物館,

逛到滿滿都是動物的那區,

我因為害怕蛇,讓 Struan 自己去看.

今天吃早餐時,他很惱人地一直學蛇的聲音給我聽,

還分享他看的蛇不是真的!

然後對著我說:「我為妳感到驕傲,妳都敢聽了!」

那個表情,好像他是我爸一樣......

《 說話的藝術 》

會誇人就多誇一點
．．
- 2y 7m -

21st. Jan, 2021


我們去台南歸仁找 alice 阿姨玩.
她老公比較安靜, 喜歡聽音樂,
Struan 就跟 alice 阿姨說:
「妳老公滿有氣質的!」

他們夫妻倆大笑起來.
不斷地稱讚 Struan 怎麼
這麼會找對點來誇讚?!

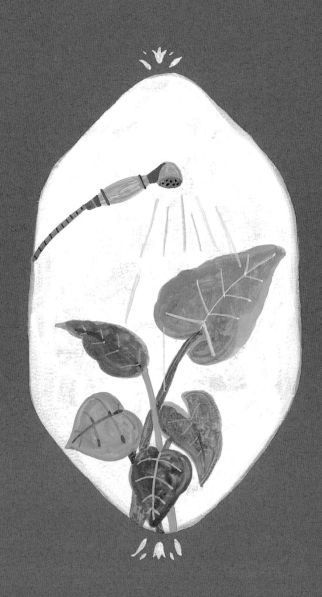

委婉拒絕
- 2 y 8 m -

27th, Feb, 2021


今晚洗澡時,

我用蓮蓬頭沖了 Struan 身體一下,

他用有點尷尬的語氣說:

「哈哈,雖然我喜歡玩水,

但是這個水好像有點太燙了!」


(怎麼這麼客氣?)

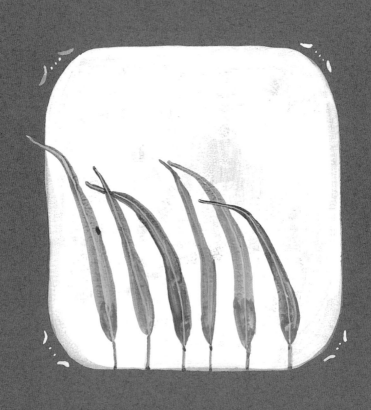

將心比心
● ● ● ●
— 2y 10m —

6th. Apr. 2021


我是一個超級急性子.
做什麼事情都很愛講究效率.
　常常忍不住一直催小孩:
「快!快!快!」

有天. 我們去餐廳吃飯.
帶 Struan 去廁所時. 我又再度催他.
　他突然對我說:
「如果我下輩子當你爸爸.
　我也不會一直催你呀!」

阿姨都融化了
‧  ‧
- 3y 8m -

28 th. Feb. 2022


我們去台南旅行,
碰到大宇阿姨生活中的小低潮,
雖然我們都沒對 Struan 提這件事,
但是他好像感覺到了什麼。
　Struan 突然對女也說:
「妳以後不叫大宇阿姨,
　我要改叫妳 小漂亮!」


( 怎麼這麼 sweet !! )

# 下輩子的爸爸
. . .
- 5y 2m -

10th. Aug. 2023


今天 Struan 跟我說：

「妳死之前，
要記得把我的照片放在口袋，
這樣上天堂後才會記得我的樣子，
下輩子要找我當爸爸。
我會記得找一個善良的太太，
這樣才能好好地疼我女兒。」


「妳要記得，不要再擔心給我的不夠，
我已經比其他小孩擁有很多很多了。」

後記

這本書是在百般猶豫，經由編輯鼓勵之下半推半就完成的，
因為我害怕做一本這麼坦白的書。

我的編輯建偉是我第一本書《放鬆，together》的編輯，
也是發掘我的人，
他看著我從一個無憂無慮的 20 幾歲女生，
一路懷孕到經歷婚姻的轉變，
雖然我們常常鬥嘴，但他一路陪著我超過 10 年，走到現在。

在我婚姻最艱難的那幾個月，建偉和我一起做了兩本書，
一本是和李維菁合作的《罐頭 pickle!》，
另一本則是吉本芭娜娜的《惆悵又幸福的粉圓夢》，
我繪製了這兩本故事繪本的封面和內頁插畫，
也因為這個合作機會，我和我很仰慕的這兩位作家見了面，
一起談天說笑，交流想法，我真的很幸運。

殊不知，
我在工作上得到了很棒的合作機會，卻在生活中處在低谷，
一邊的極度幸運，另一邊的不知所措，像失衡的天平，
我常常在想，這應該是上天給我的考驗？
一扇窗被關上，卻在另一扇窗得到了陽光。

婚姻走到終點，我在社群上公布了消息，
希望從這天起，不用再有任何的假裝，
也不需要再跟身邊的人解釋。

Struan 曾經問我，為什麼我的爸爸媽媽沒有住在一起？
我很認真跟他解釋，
如果爸爸媽媽天天住在一起，會有不愉快的氣氛，
但是我們偶爾碰面，反而可以和平地相處，
我跟前夫都能做到在陪 Struan 出去時，自在開心地聊天、交流。


＊


這本書直到出版前最後倒數的階段，我仍然很掙扎，
心想著一本如此袒露自我的書真的會有人想看嗎？
那個很幼稚、又隱藏不住情緒的我，
真的能分享任何有意義的事情給大家嗎？

謝謝看這本書看到這裡的妳（你）們，
如果妳也是媽媽，我想拍拍妳，告訴妳，妳真的好棒，
懷胎的各種情緒與身體不適，辛苦了，
當家長的路好長，我們一起努力！

謝謝我的編輯 建偉、Ammy、美術編輯 薛，
還有我的爸爸媽媽、
英國的家人們（謝謝你們把我視為永遠的家人）
身邊的每個朋友，謝謝妳們把 Struan 寵進心坎裡，
還有感謝前夫 Steve，我們給彼此自由。

*soupy*

家的樣子：Soupy 與 Struan 的蘇格蘭冒險記 / Soupy Tang 著.
-- 初版. -- 臺北市：時報文化出版企業股份有限公司. 2024.01
192 面；14.8×21 公分. -- (大人國叢書；14)
ISBN 978-626-374-657-2
1.CST: 遊記 2.CST: 育兒 3.CST: 英國
741.89                                                    112019654

大人國 叢書 14

# 家的樣子：
## 《 Soupy 與 Struan 的蘇格蘭冒險記 》

| | |
|---|---|
| 作者 | Soupy Tang　湯舒皮 |
| 文字編輯 | 黃阡卉 |
| 美術設計 | 薛慧瑩 |
| 行銷企劃 | 鄭家謙 |
| 副總編輯 | 王建偉 |
| 董事長 | 趙政岷 |

| | |
|---|---|
| 出版者 | 時報文化出版企業股份有限公司 |
| | 108019 台北市和平西路三段 240 號 4 樓 |
| 發行專線 | (02)2306-6842 |
| 讀者服務專線 | 0800-231-705・(02)2304-7103 |
| 讀者服務傳真 | (02)2304-6858 |
| 郵撥 | 19344724 時報文化出版公司 |
| 信箱 | 10899 臺北華江橋郵局第 99 信箱 |

| | |
|---|---|
| 時報悅讀網 | http://www.readingtimes.com.tw |
| 電子郵件信箱 | ctliving@readingtimes.com.tw |
| 藝術設計線 FB | http://www.facebook.com/art.design.readingtimes |
| 藝術設計線 IG | art_design_readingtimes |
| 法律顧問 | 理律法律事務所　陳長文律師、李念祖律師 |
| 印刷 | 和楹印刷有限公司 |
| 初版一刷 | 2024 年 1 月 19 日 |
| 初版四刷 | 2024 年 8 月 13 日 |
| 定價 | 新台幣 580 元 |

版權所有 翻印必究（缺頁或破損的書，請寄回更換）

ISBN 978-626-374-657-2
Printed in Taiwan

SPECIAL THANKS:

STRUAN. SANDRA. NANCY, CRAiG.

FAITH, DARA. CRACKER,

&

MY PARENTS,